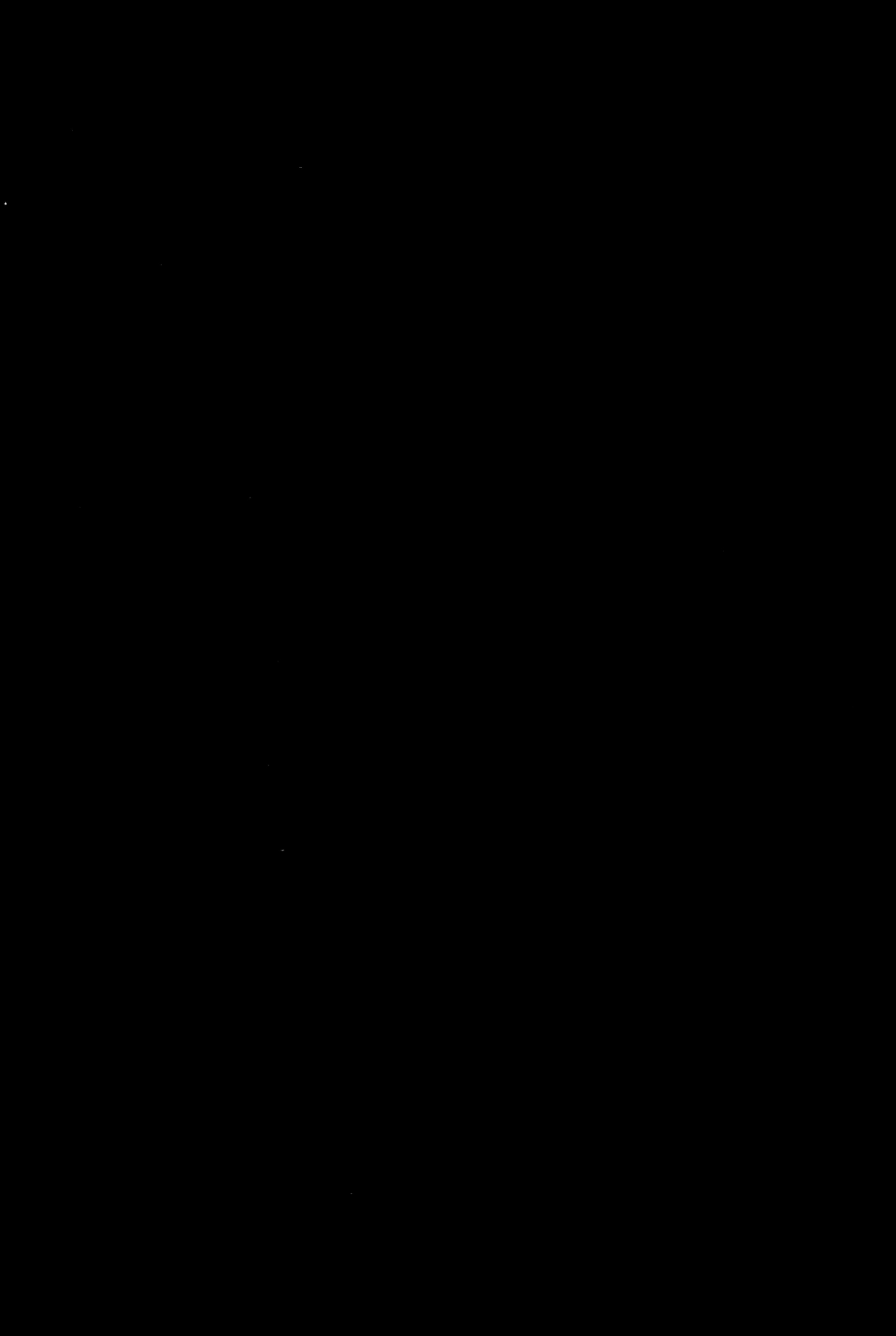

三國志

이희재 삼국지

3 — 천하를 쥐려는 손

Humanist

작가의 말

《삼국지》에는 숱한 이야기의 물줄기가 흘러갑니다. 잔잔한 수면 위에 파동이 일기도 하고, 장대비가 내리치며 홍수가 이는가 하면, 거센 파도가 밀려와 평온한 마을을 덮치기도 합니다. 사람과 사람, 세력과 세력이 맞물리고 부딪치며 대륙을 질러가고, 산과 들을 굽이돌아 흐르며 천지를 뒤흔듭니다. 1800여 년 전, 고대 중국에서 구름처럼 일었던 인물들의 이야기입니다.

천지가 요동쳐도 흔들림이 없는 관우, 감정에 충실한 용맹의 사나이 장비, 인의의 뜻을 따르며 어질기 그지없는 유비, 이상을 품고 초막에 누워 있다 유비를 따라나선 풍운의 지략가 제갈공명, 사람을 버리고 얻는 데 실리를 좇으며 천하 제패에 다가서는 조조, 무도한 행동으로 배신의 대명사가 된 여포, 그 밖에도 손권·주유·원소·공손찬·조자룡·태사자·방통·황충·마초·강유·사마의 등등…. 실로 수백수천의 영웅호걸들이 활개를 칩니다. 어떤 이는 힘과 용기로, 또 어떤 이는 머리와 꾀로, 밀고 당기고 치고 빠지며 천하를 종횡합니다.

어렵고 긴 내용을 경쾌하게 만날 수 있다는 것이 만화의 장점입니다. 한 권에 수백 쪽이 넘는 활자책을 이백여 쪽의 시각 조형으로 구성하는 일은 제한된 지면의 절대 공간과 싸우는 일이었습니다. 《삼국지》를 만화로 만드는 과정은 원작의 큰 줄기를 살리고 곁가지들을 솎아 내는 일이기도 하였습니다. 나관중 원작에서 벗어난 부분을 살피고, 중국 민중들 사이에서 입으로 전해지는 에피소드를 일부 보탰습니다.

흔히 《삼국지》를 세상살이를 읽는 책이라고 합니다. 세상을 살아가며 사람 사이의 관계를 헤아리고 자신을 돌아보며 성찰을 이끌어 내는 내용이기 때문일 것입니다. 한 번쯤 읽어야 할 고전이며 한 번쯤 걸어야 할 길이라는 의미이기도 합니다. 《이희재 삼국지》는 아이와 부모가 함께 읽을 수 있는 책으로, 부모들이 먼저 읽고 자녀들에게 권하는 만화입니다. 《삼국지》의 무대 속으로 들어가 시간 여행을 하기 바랍니다.

2016년 7월
이희재

등장인물

유비·관우·장비
한의 부흥과 자신들의 세력 확장을 위해 힘쓴다.

곽사·이각
동탁의 수하였다가 조정을 장악한다.

조조
황제의 부름 이후 조정의 실권을 잡는다.

손책
손견의 아들로 강동에서 세력을 키운다.

주유
손책을 도와 강동 부흥에 힘쓰는 명장이다.

여포 · 진궁
여포는 막강한 힘을 지니고 있지만 종잡을 수 없는 성격 탓에 어려움을 겪는다. 진궁은 모사의 책무를 다하며 여포를 돕기 위해 고군분투한다.

원소
북방 지역을 장악하며 세력을 키워 나간다.

원술
스스로 황제라 칭하며 많은 적을 만든다.

전위
조조의 호위 장수로 엄청난 괴력을 소유하고 있다.

차례

작가의 말　4
등장인물　6

제1장	천하는 조조에게 기울고	11
제2장	유비의 서주, 여포가 차지하다	33
제3장	손책이 강동을 아우르다	53
제4장	용이 조조의 연못으로	75
제5장	여인에 빠져 장수를 잃다	93
제6장	원술이 황제를 칭했으나 꿈이로다	113

제7장	밀을 밟았으니 머리칼을 베고	129
제8장	서주는 다시 조조에게로	147
제9장	비굴하구나, 천하의 여포	167
제10장	용은 다시 바다로	193

■ 연표　　　　　　　　　　215

■ 일러두기

- 이 책에서 말하는 《삼국지》는 진수가 쓴 정사 《삼국지》가 아니라 나관중이 지은 소설 《삼국지연의》를 뜻합니다.
- 《삼국지》에는 유비·조조처럼 성과 이름으로 부르는 경우와, 현덕(유비)·맹덕(조조)처럼 자로 부르는 경우가 뒤섞여 있습니다. 상대방을 이름으로 부르는 것은 자신보다 지위가 낮거나 어린 사람인 경우, 또는 싸움에서 상대를 무시할 때 등이고, 보통은 이름 대신 자를 부르는 것이 관례입니다. 이 책에서는 공명(제갈량)이나 자룡(조운)처럼 자가 널리 알려진 몇몇 인물만 자와 이름을 혼용하여 썼고, 그 외 인물 대부분은 혼란을 줄이기 위해 성과 이름으로 표기했습니다.
- 지명은 〈외래어 표기법〉 대신 소설에서 널리 쓰인 관용 표기를 따랐습니다. 예를 들어 洛陽을 뤄양이라 하지 않고 낙양처럼 우리 한자음 읽기를 하였습니다.
- 이 책에 실린 지도와 연표는 《삼국지》의 이해를 돕기 것으로 실제 역사와는 차이가 있습니다.

제1장

三國志

— 천하는 조조에게 기울고

• 연호: 황제가 즉위한 해에 붙이던 칭호. 위의 상황처럼 재위 중에 바꾸는 경우도 종종 있었다.

모든 병사들은 밤을 낮 삼아 낙양으로 진군하라!!

아, 드디어 천하가 내게 안겨 오는구나!

제2장

三國志

유비의 서주, 여포가 차지하다

- **반간계** 사람 사이나 집단 사이에서 이간질을 하여 서로를 멀어지게 하는 술책.

제3장

三國志

손책이 강동을 아우르다

• **광무제** 왕망의 군대를 무찌르고 한 왕조를 재건해 후한의 제1대 황제가 되었다. 한 고조 유방의 9대손이다.

• **초패왕** 유방과 패권을 다툰 초의 항우를 달리 이르는 말. 산도 뽑을 수 있다는 말이 생길 만큼 힘이 장사였다.

이후, 손책은 오군의 엄백호와 회계 태수 왕랑을 꺾고 수많은 도적 무리를 소탕하여 강동 땅을 평정했다.

손책은 스물한 살의 젊은 나이로 아버지 손견의 위업을 이어 나갔다.

제4장

三國志

— 용이 조조의 연못으로

제5장

三國志

여인에 빠져 장수를 잃다

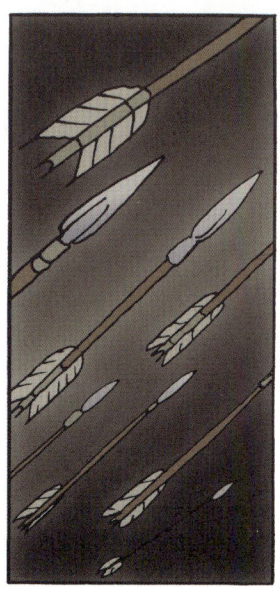

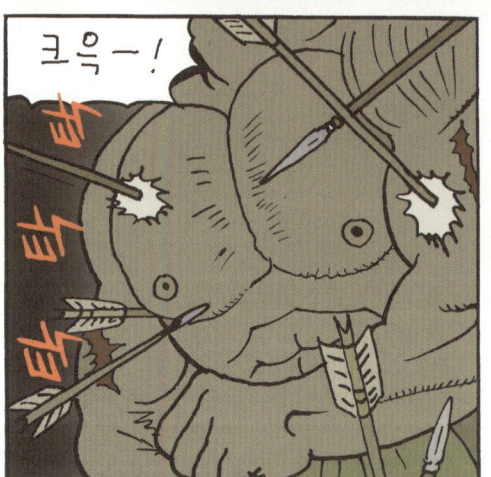

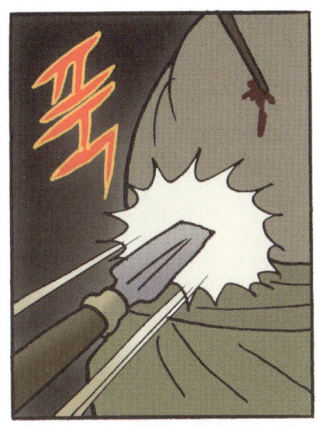

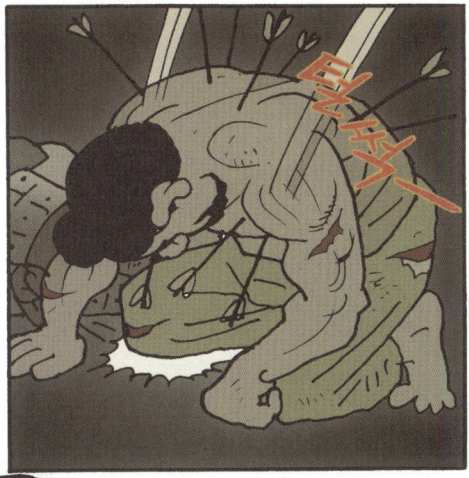

• **청주병** 조조가 청주 황건적을 물리친 후, 투항한 사람 중에서 뽑아 조직한 군대.

• **중이천석** 한나라는 벼슬의 등급을 석으로 나타내었는데 중이천석은 그중 하나이다.

제6장

三國志

― 원술이 황제를 칭했으나 꿈이로다

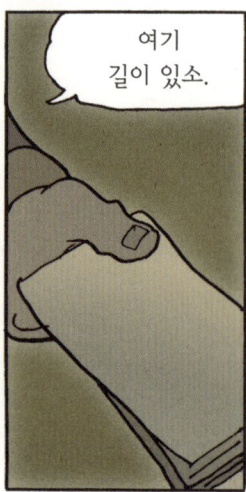

제7장

三國志

밀을 밟았으니 머리칼을 베고

제7장 밀을 밟았으니 머리칼을 베고 143

제8장

三國志

― 서주는 다시 조조에게로

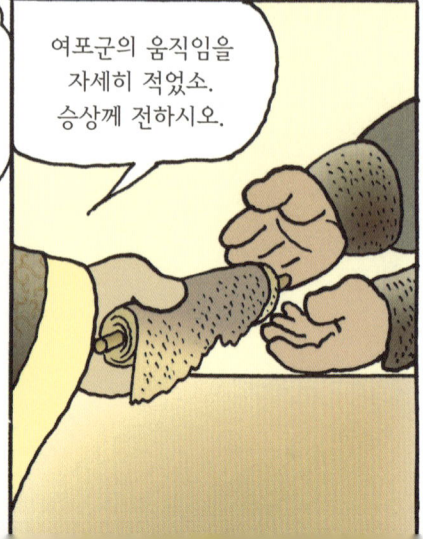

제9장

三國志

— 비굴하구나, 천하의 여포

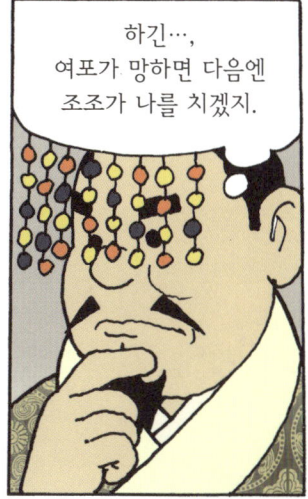

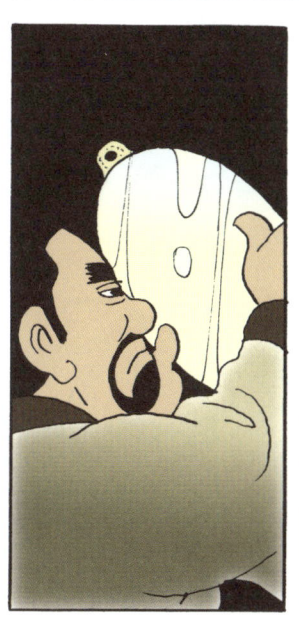

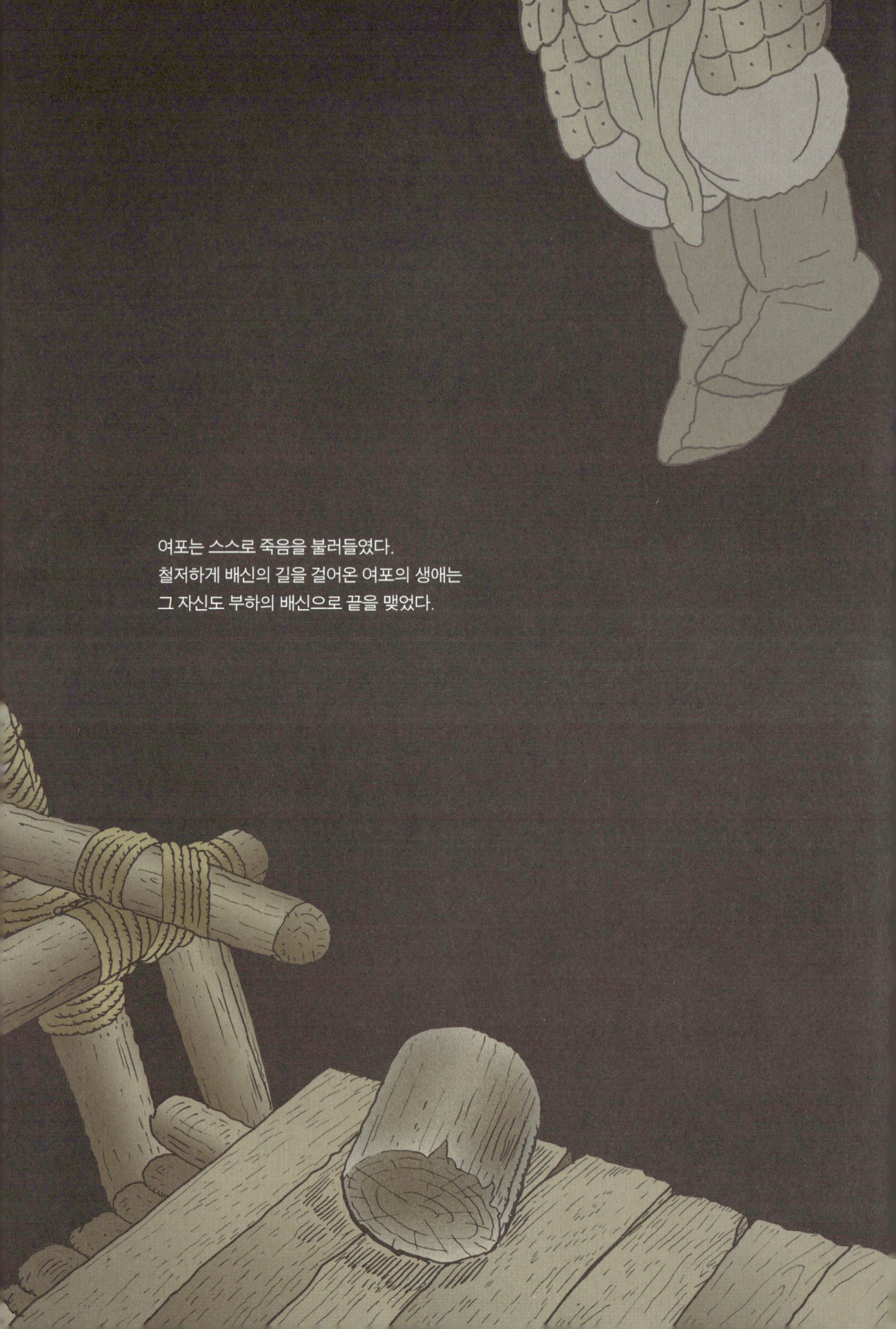

여포는 스스로 죽음을 불러들였다.
철저하게 배신의 길을 걸어온 여포의 생애는
그 자신도 부하의 배신으로 끝을 맺었다.

제10장

三國志

용은 다시 바다로

• **중산정왕** 전한의 제6대 황제인 경제의 아들. 이름은 유승이다.

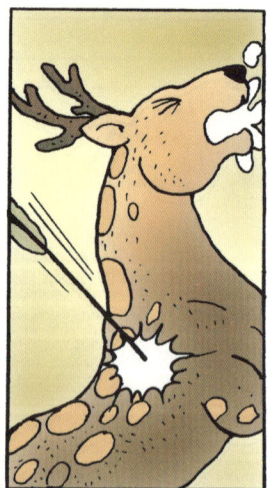

제10장 용은 다시 바다로

■ 헌제 이동 경로

190년
① 소제를 폐하고 헌제를 내세우면서(189년) 실권을 잡았던 동탁은 제후 연합 세력의 공격을 받고 수세에 몰린다. 이에 모사 이유의 계책을 따라 헌제를 압박해 낙양에서 장안으로 천도를 감행한다.

195년
② 동탁 사후, 이각과 곽사는 실권을 잡았지만 서로 대립하며 갈등에 빠진다. 이때 이각 무리가 헌제를 납치하자 장제가 헌제를 피신하도록 한다. 이 과정에서 헌제는 곽사의 공격을 받지만 양봉과 동승의 활약으로 홍농에 도착한다.

③ 이후에도 이각과 곽사의 추격은 계속된다. 헌제는 산적 출신인 이락과 한섬 등의 도움을 받지만 한밤중에 황하를 건너는 등 고초를 겪으며 간신히 안읍 땅에 닿는다. 거처한 곳은 여닫을 문조차 없어서 가시나무 가지를 꽂아 울타리를 만들었을 만큼 열악한 환경이었다고 한다.

196년
④ 겨울을 안읍에서 난 헌제는 낙양으로 돌아가기로 결정한다. 한때 헌제를 구하는 데 공을 세웠던 이락은 헌제가 떠나자 오히려 공격에 나서지만 서황에게 죽임을 당한다. 헌제는 약 1년에 걸친 긴 여정 끝에 장안에서 낙양으로 돌아온다.

⑤ 낙양까지 추격해 온 이각과 곽사를 피해 헌제는 다시 몽진에 나선다. 이 과정에서 조조군의 구원을 받고 수도를 허도로 옮긴다. 헌제 보호에 공헌했던 양봉과 한섬은 조조와 대립하지만 크게 패한다. 이때부터 헌제와 한 조정은 조조의 그늘에 가리기 시작한다.

■ 연표

195 이각과 곽사가 분열하다.
이각과 곽사는 서로 헐뜯으면서 분열에 빠진다. 이각은 헌제를 납치하고 곽사는 대신들을 겁박하지만 장제가 군사를 일으켜 헌제를 구한다. 헌제는 양봉·동승 등과 함께 홍농으로 피신한다.

손책이 원술을 떠나다.
아버지 손견이 죽은 후 원술에게 의탁하고 있던 손책은 전국옥새를 원술에게 맡기고 군사를 얻어 세력을 키워 나간다. 이런 손책에게 맹장 주유와 장소·장괴 같은 모사가 힘을 더한다. 또한 손책은 유요와의 싸움 중 태사자를 얻는다.

196 조조가 실권을 잡다.
이각·곽사 무리에 쫓기던 헌제는 낙양으로 환궁한 후 조조를 불러들인다. 조조는 이각·곽사 무리를 제압하고 조정을 장악한 후 헌제를 허도로 모시고 간다.

유비가 소패성으로 가다.
조조는 유비를 서주 목에 임명하고 원술을 치도록 한다. 유비는 조조의 간계임을 알면서도 조정의 명을 거스르지 못해 관우와 함께 싸움에 나서지만 원술을 쉽게 깨뜨리지 못한다. 혼자 서주성을 지키던 장비는 여포에게 성을 빼앗기고 만다. 서주성을 차지한 여포는 유비에게 소패를 내준다.

여포가 원술과 유비를 중재하다.
원술의 명을 받은 기령이 유비를 공격하자 여포가 중재에 나선다. 원술은 여포의 딸을 볼모로 삼기 위해 정략결혼을 제안하지만 실패한다. 한편 장비가 말을 빼앗아 가자 화가 난 여포는 소패를 공격하고 유비는 조조에게 의탁한다.

197 조조가 완성을 공격하다.
조조는 완성을 공격해 빼앗지만 장수의 숙모인 추 씨에 빠졌다가 장수의 공격을 받고 도망친다. 이때 아들 조앙, 조카 조안민, 맹장 전위를 잃는다.

원술이 황제를 참칭하다.
손책으로부터 전국옥새를 받은 후 욕심을 키워 나가던 원술이 스스로 황제의 자리에 오른다.

원술이 서주를 침공하다.
원술이 서주를 차지하고 있던 여포를 공격했으나 실패한다. 이후 조조 등의 공격을 받고 수춘성에서 대패하고 도망친다.

198 조조가 장수를 정벌하다.
장수가 유표의 힘을 등에 업자 조조는 다시 장수를 친다. 훗날 조조는 더 큰 뜻을 위해 장수를 끌어들인다.

조조가 하비에서 여포를 꺾다.
여포는 조조의 공격을 받고 방어에 나서지만 결국 패배하고 만다. 여포는 비참하게 죽고, 모사 진궁은 조조의 회유를 뿌리치고 죽음을 택한다. 장료는 관우의 중재로 투항한다.

199 공손찬이 죽다.
유우를 치고 유주를 차지했던 공손찬은 유우의 아들 유화와 원소의 공격을 받고 패한 후 자살한다.

헌제가 조조 주살을 명하다.
조조의 위력에 압도된 헌제는 동승에게 밀서를 내려 조조를 제거하도록 명한다. 동승은 비밀리에 사람을 모으지만 좀처럼 기회를 잡지 못한다.

유비가 조조의 연못에서 벗어나다.
원술이 원소에게 의탁하려 하자 유비가 이를 막겠다며 조조에게 군사를 얻어 조조의 손아귀에서 벗어난다.

이희재 **삼국지 3** 천하를 쥐려는 손

1판 1쇄 발행일 2016년 9월 5일
1판 2쇄 발행일 2025년 9월 22일

글·그린이 이희재
원작 나관중
만화 어시스트 오현 유지호(구성), 유병윤 장모춘(데생), 고은미 지혜경(채색)

발행인 김학원
발행처 (주)휴머니스트출판그룹
출판등록 제313-2007-000007호(2007년 1월 5일)
주소 (03991) 서울시 마포구 동교로23길 76(연남동)
전화 02-335-4422 **팩스** 02-334-3427
저자·독자 서비스 humanist@humanistbooks.com
홈페이지 www.humanistbooks.com
유튜브 youtube.com/user/humanistma
인스타그램 @humanist_insta

편집 위원석 고홍준 이혜인 **디자인** 김태형 최우영 박인규
조판 프린웍스 **용지** 화인페이퍼 **인쇄** 삼조인쇄 **제본** 민성사

ⓒ 이희재, 2016

ISBN 978-89-5862-150-8 07910
ISBN 978-89-5862-158-4 (세트)

• 이 책은 저작권법에 따라 보호받는 저작물이므로 무단 전재와 무단 복제를 금합니다.
• 이 책의 전부 또는 일부를 이용하려면 반드시 저자와 (주)휴머니스트출판그룹의 동의를 받아야 합니다.